29 Mai 1903.

V

VENTE

du Vendredi 29 Mai 1903

HOTEL DROUOT, SALLE N° 11

COLLECTION

de Feu M. le Baron S...

Armes & Armures

ANCIENNES

EUROPÉENNES & ORIENTALES

INSTRUMENTS DE MUSIQUE

Me F. LAIR-DUBREUIL	M. Arthur BLOCHE
COMMISSAIRE-PRISEUR	EXPERT PRÈS LA COUR D'APPEL
6, Rue de Hanovre, 6	*28, Rue de Châteaudun, 28*

EXPOSITION PUBLIQUE : Le Jeudi 28 Mai 1903

DE 2 HEURES A 6 HEURES

PARIS, IMPRIMERIE MÉNARD ET CHAUFOUR
C. CHAUFOUR, Successeur
8-10, Rue Milton

CATALOGUE

D'

ARMES & ARMURES

EUROPÉENNES ET ORIENTALES

des XVIe, XVIIe et XVIIIe Siècles

Epées, sabres, fusils, pistolets
poignards, Kriss Malais, boucliers, hallebardes, canons, casques
cuirasses, poires à poudre, gibernes, schakos

PIÈCES INTÉRESSANTES DE LA RÉVOLUTION ET DU 1er EMPIRE

Instruments de musique, curiosités, cuivres

Formant la Collection de Feu M. le Baron S...

ET DONT LA VENTE AURA LIEU

HOTEL DROUOT, SALLE N° **11**

Le Vendredi 29 Mai 1903, à 2 heures

Me F. LAIR DUBREUIL
COMMISSAIRE-PRISEUR
6, rue de Hanovre, 6

M. ARTHUR BLOCHE
Expert près la Cour d'Appel
28, rue de Châteaudun, 28

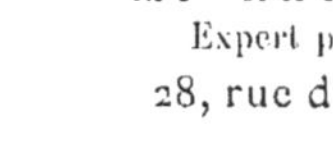

EXPOSITION PUBLIQUE

Le JEUDI 28 MAI 1903, de 2 heures à 6 heures

CONDITIONS DE LA VENTE

La vente sera faite expressément au comptant.

Les acquéreurs paieront 10 o/o en sus des adjudications.

L'exposition mettant le public à même de se rendre compte de l'état des objets, il ne sera admis aucune réclamation une fois l'adjudication prononcée.

AVIS

A partir du 1er Juin le Cabinet et la Galerie de **M. Arthur BLOCHE** *seront transférés 51, rue Saint-Georges.*

Imprimerie Artistique C. CHAUFOUR, 8-10, rue Milton.

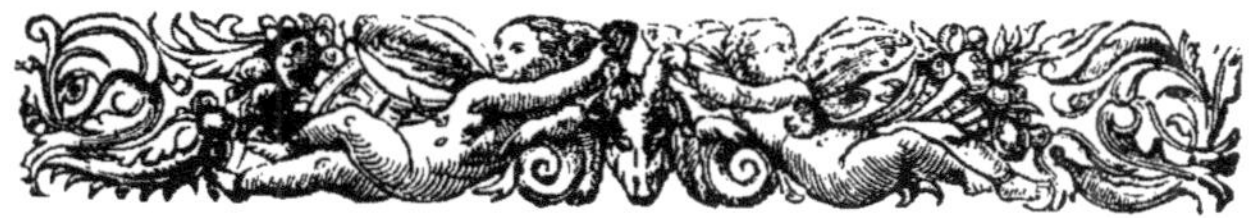

DÉSIGNATION

ARMURES

CUIRASSES — CASQUES — BOUCLIERS

1 — Armure complète, en fer, style Henri III.

2 — Cuirasse ancienne à bordure cloutée.

3 — Cuirasse ancienne à cloutages.

4 — Panoplie contenant une cuirasse et un casque Henri II en fer gravé et damasquiné, deux gantelets, trois hallebardes, deux poignards, un nécessaire ancien et un nécessaire chinois pour manger le riz.

5-9 — Neuf cuirasses, époques Ier et Second Empire.

10-15 — Quinze casques de cuirassiers, lanciers, sapeurs, etc. Epoque Ier Empire, Restauration, Second Empire.

16 — Petite cuirasse ancienne à ornements, offrant des vestiges de dorures.

17-18 — Deux casques anciens avec couvre-nuques.

19 — Casque ancien avec couvre-nuque et ailettes sur les côtés.

20-21 — Trois casques en fer.

22 — Casque japonais, à ailettes, et clouté.

23 — Casque en fer repoussé, décor à rosaces.

24 — Casque en fer clouté de rosaces de cuivre.

25 — Bouclier persan en fer orné d'incrustations d'or à personnages et animaux chimériques au milieu d'arabesques.

26 — Bouclier en bois laqué rouge feu, décoré de petits médaillons à fleurs.

27 — Deux brassards, dos d'armure, et casque en fer damasquiné d'or. Travail persan.

28 — Deux boucliers en cuir, offrant au centre des armoiries, au milieu de volatiles, insectes et fleurs en laque d'or sur fond noir.

29 — Bouclier rond en cuir noir, décoré de fleurettes et rehaussé d'or.

30 — Bouclier japonais offrant au centre un dragon, la bordure à nuages en laque d'or, sur fond noir.

31 — Deux petits boucliers ronds en fer clouté, dont un orné de pièces de monnaies.

32 — Deux boucliers ronds en cuir laqué jaune et rehaussé d'or. Travail oriental.

33 — Bouclier rond en cuir, dessin vannerie. Travail indien.

34 — Bouclier persan en fer gravé à arabesques.

35 — Bouclier en fer forme écusson.

SABRES — ÉPÉES

HALLEBARDES, COUTEAUX DE CHASSE

36-38 — Huit sabres de la Révolution dont deux avec devises patriotiques gravées sur la lame.

39 — Sabre d'officier de la Révolution, poignée ornée d'un casque, la garde d'attributs guerriers, lame ornée d'incrustations d'or, et gravée à devise patriotique.

40 — Sabre droit d'officier du Ier Empire, la garde aux armes impériales.

41 — Sabre d'officier de la Révolution. La poignée ornée d'une tête de lion, la garde d'une figurine de la République avec devise, vive la France et la liberté, la lame ornée d'incrustations.

42-43 — Deux sabres en forme de glaive, poignées à têtes d'aigles et écailles. Epoque premier Empire.

44 — Grand sabre recourbé de la Révolution, fourreau orné d'appliques en cuivre gravé à attributs guerriers, et devise, garde à branches de chêne avec soleil.

45 — Beau sabre du Ier Empire, fourreau orné d'appliques en écaille et en cuivre doré, et gravé à rosaces et ornements, poignée en ivoire, surmontée d'une tête de cheval en bronze doré rattachée à une figurine d'Indien formant la garde.

46 — Deux sabres, poignées à têtes de coqs en bronze doré et argenté.

47 — Sabre recourbé du Ier Empire, fourreau en cuivre doré, gravé et, orné d'appliques à rosaces étoilées et aux armes Impériales, poignée en ivoire et bronze doré.

48-50 — Six sabres recourbés, fourreau en cuir et acier, poignée à branches courbes. Epoque Ier Empire.

51 — Sabre en forme de glaive, fourreau plat en velours rouge, ornements en cuivre, poignée à écailles. Première République.

52 — Sabre de Mamelouck, le fourreau en cuivre doré orné de palmes, rosaces et attributs militaires.

53-54 — Deux sabres, gardes à branches courbes et aux armes royales. Epoque de la Restauration.

55-56 — Trois épées, poignées en bronze ciselé et doré, aux armes Impériales et ornements. Epoque Ier Empire.

57 — Sabre du Ier Empire, fourreau en cuir noir orné d'appliques en bronze argenté et ajouré, lame ornée d'incrustations.

58 — Sabre ancien avec un petit pistolet sur un côté de la lame, poignée en ëbène cloutée fourreau en cuir, attache et monture en fer ciselé et gravé à attributs guerriers, XVIIIe siècle.

59 — Epée de cour de l'Empire, poignée en acier à ornements en cuivre doré, le haut et la garde aux aigles impériales au milieu d'ornements, lame damasquinée.

60 — Deux épées de cour, poignées en acier ciselé et faceté, fourreaux en cuir blanc.

61 — Deux épées de cour, poignees en cuivre doré et ciselé à palmettes rosaces et médaillons fourreaux en cuir noir.

62 — Deux épées de cour Ier Empire, poignées en nacre et cuivre doré, ciselé et ajouré, aux armes impériales et arabesques, fourreaux en cuir.

63 — Deux épées de cour de la Restauration, poignées en nacre, ornements en cuivre doré, à armoiries et arabesques, fourreaux en cuir blanc.

64 — Trois épées de cour de l'Empire, poignées en nacre et ébène, ornements en cuivre argenté, fourreaux en cuir noir.

65 — Epée poignée en cuivre forme croix de Malte, lame damasquinée d'or.

66-67 — Trois épées poignées en fer et cuivré.

68 — Sabre d'abordage et petit sabre à poignée de cuivre.

69 — Grande épée à deux mains à lame plate quillon à arêtes.

70 — Epée ancienne poignée en fer ornée d'incrustations d'argent à personnages.

71 — Deux grandes épées, quillons droits, gardes à branches courbes.

72 — Deux épées quillons droits, gardes à corbeilles gravées et ajourées à arabesques.

73 à 75 — Cinq épées quillons recourbés, gardes à branches courbes et plaques ajourées.

76 — Deux épées quillons recourbés, gardes à coquilles.

77 — Deux épées lames plates et quillons droits.

78 — Sabre lame avec inscription : Vive le Roi de Sardaigne.

79 — Epée de cour poignée à quillons droits en cuivre ciselé et doré à armoiries, fourreau en cuir blanc.

80-83 — Cinq couteaux de chasse poignées en ivoire, bois et corne, et ornées d'appliques en argent.

84 — Couteau de chasse lame gravée et le dos à scie poignée en bronze ciselé à coquilles. Epoque Louis XIV.

85-91 — Quinze hallebardes anciennes, hampes cloutées.

FUSILS, PISTOLETS, CANONS

ARBALÈTES, POIRES A POUDRE

92-93 — Deux fusils à pierre, batteries gravées à ornements, crosses et futs incrustés d'ivoire gravé à personnages, fleurs, reptiles et poissons.

94-95 — Deux tromblons anciens, canons à ornements ciselés et gravés.

96 — Fusil ancien à pierre, canon court et rayé.

97 — Fusil ancien à tabatière crosse sculptée, et ornée d'incrustations, canon rayé et gravé à ornements.

98 — Grand fusil à pierre canon rayé, batterie gravée à arabesques, crosse en bois sculpté, fut orné de rosaces dorées.

99 — Grand fusil à pierre canon rayé, fut et crosse ornés d'incrustations d'ivoire.

100 — Fusil à long canon crosse en cuivre forme tête d'animal, travail persan.

101 — Fusil ancien, crosse en bois sculpté avec applique à écusson, canon gravé à ornements.

102 — Paire de pistolets à rouets crosses ornées d'incrustations d'ivoires à arabesques et ornements.

103 — Tromblon de remparts.

104 — Petit canon ancien sur affut, la culasse aux armes royales.

105 — Deux petits canons anciens de remparts.

106 — Deux tromblons, crosses sculptées, dont une cloutée de cuivre, canons gravés à arabesques.

107 — Deux petits canons anciens en cuivre, sur affuts, culasses ornées d'écussons.

108 — Paire de pistolets anciens, fûts et crosses en bois sculpté, batterie, canon et monture en acier gravé à arabesques.

109 110 — Deux arbalètes anciennes.

111 — Fusil à pierre, canon rayé.

112 — Petit canon en bronze.

113 — Pistolet tromblon, canon en cuivre.

114 — Grande arbalète de remparts avec sa crémaillère.

115 — Deux pistolets tromblons, crosses en bois sculpté dont une cloutée de cuivre, canons et batteries gravés, à attributs et ornements.

116-117 — Trois arcs avec leurs flèches.

118 — Grande arbalète en bois sculpté, la crosse à panneau plat.

119 — Petit canon en cuivre sur son affût.

120 — Casse-tète boulet attaché à une chaine, manche en bois.

121 — Arc

122 — Poire à poudre, applique à personnages en fer repoussé, gravé et ajouré.

123 — Petit fusil à pierre, crosse à pans en bois sculpté, canon rayé.

124 — Deux poires à poudre en ivoire gravé, dont une à personnages.

125 — Olifan en ivoire finement sculpté, l'embouchure à tête de dragon, le milieu à masques fabuleux et armoiries, le bas à scène de chasse et branches de vigne.

126 — Poire à poudre forme poisson en ivoire sculpté à animaux.

127 — Poire à poudre à côtes, en cuir doré au petit fer.

ARMES ORIENTALES

128 — Fusil arabe ancien, fut, crosse et attaches à rosaces, fleurs et arabesques.

129 — Fusil arabe ancien à pierre, attaches et crosses ornées d'appliques en argent repoussé à fleurs et arabesques et incrustations de coraux.

130-131 — Deux fusils arabes, fûts et crosses ornés d'appliques en acier gravé à arabesques, et incrustations de nacre.

132 — Paire de pistolets à pierre, crosses et batteries ornées d'appliques en vermeil grave et repoussé, à attributs guerriers, canon damasquiné d'or, travail oriental.

133 — Deux pistolets à pierre, crosses et fûts ornés d'appliques d'argent niellé, canons damasquinés d'or, travail oriental.

134 — Deux masses d'armes en fer incrusté d'argent, formées par des boules hérissées de piques, travail persan.

135 — Grand poignard arabe, poignée en ivoire ornée de coraux et de pierres de couleur.

136 — Poignard persan, fourreau en cuivre gravé et argenté et bosselé à losanges.

137 — Deux Kriss-Malais, à lames ondulées, poignées en ivoire et filigrane d'argent.

138 — Gaîne renfermant trois petites lances, fers damasquinés d'or, poignée et appliques du fourreau en argent repoussé.

139 — Sabre persan, poignée en fer orné d'incrustations d'or à petites rosaces.

140 — Poignard persan, fourreau et poignée en argent niellé, gravé et parties dorées.

141 — Fer de lance orné dans le bas d'incrustations d'or à fleurs. Travail persan.

142 — Sabre arabe, poignée et fourreau garniture en métal argenté, gravé et repoussé à arabesques et incrusté de coraux.

143 — Fourreau de sabre de même travail.

144 — Poignard, poignée et appliques de fourreau en ivoire sculpté à personnages, fleurs et dragons ailés. Travail indien.

145 — Kriss Malais, poignée en ivoire sculpté, à fleurs et soleil, fourreau en bois.

146 — Poignard japonais, fourreau en cordes.

147 — Poignard japonais, fourreau en émail cloisonné, attaches en cuivre doré et gravé.

148 — Sabre oriental, poignée en argent gravé, parties dorées, fourreau en cuivre orné de lannières.

149 — Sabre oriental à lame courbe se terminant en spatule, fourreau en bois peint imitant l'écaille.

150 — Poignard persan, fourreau en cuivre gravé et argenté et bosselé à losanges.

151 — Grand poignard persan, fourreau en velours rouge, poignée et attache en fer niellé d'argent.

152 — Deux sabres persans, lames courbes, à poignées de fer niellé, dont un incrusté d'or.

153-154 — Quatre sabres orienteaux à lames courbes, poignées en corne et ivoire, fourreaux en cuir et velours, ornés d'appliques en fer damasquiné d'or, argent repoussé cuivre doré et gravé.

INSTRUMENTS DE MUSIQUE

155 — Vielle incrustée d'ivoire.

156 — Cythare ancienne, ornements à rehauts d'or signé : Light, à Londres.

157 — Violon ancien décoré de peinture, vernis Martin, à personnages et fleurs, crosse sculptée et ajourée à volatile et rinceaux fleuronnés

158 — Mandoline persane, en bois peint, fond bleu à fleurs, médaillons à personnages.

159 — Guitare orientale, en bois peint à fleurs et arabesques, et incrusté de nacre.

160-163 — Six guitares anciennes.

OBJETS DIVERS

164-165 — Sept schakos et bicornes. Epoques premier Empire et Révolution.

166 — Sept gibernes de l'Empire en cuir et velours, appliques aux armes Impériales en cuivre doré.

167 — Trois gibernes en velours brodé d'or et d'argent à armoiries et ornements.

168 — Tambour aux armes royales. Epoque de la Restauration.

169 — Etui à bâton de maréchal en cuir rouge, doré aux armes Impériales.

170-171 — Quatre cannes de tambour-major, dont une avec pomme en cuivre repoussé.

172 — Deux barils de cantinière. Epoque Ier et 2e Empire.

173-174 — Clairon et quatre trompettes de cavalerie.

175 — Grand tambour ancien.

176 — Tambour japonais en bois laqué.

177 — Etui à bâton de Maréchal en cuir doré aux petits fers.

178 — Selle avec fontes pour pistolets, recouvertes de peau de léopard.

179 — Trois plaques de ceintures en métal et en argent gravé repoussé, et filigrané à arabes-

ques et ornées de pierres de couleurs. Travail oriental.

180 — Trente-trois appliques de casques et schakos, cuivre repoussé, à armoiries et attributs guerriers, françaises et étrangères.

181 — Drapeau ancien, en étoffe orné d'application de velours, et drap de couleur, offrant au centre des armoiries, au milieu d'arabesques fleuries.

182 — Plat en terre arabe.

183 — Plat en faïence hispano-mauresque, décor en relief, le fond à reflets métalliques.

184 — Gong fond noir, offrant au centre une étoile dorée et repoussée.

185 — Dix couvercles de chauffrettes en cuivre ancien à ornements repoussés et ajourés.

186 — Quatre étriers en fer forgé et ajouré, et treize éperons en acier gravé et ciselé.

187 — Quatre mors anciens en cuivre et fer forgé.

188 à 191 — Neuf plats anciens en cuivre repoussé à godrons rosaces, personnages et agneau pascal.

192 — Deux cymbales.

193 — Panoplie contenant des fers de lances.

194 — Objets omis.

www.ingramcontent.com/pod-product-compliance
Ingram Content Group UK Ltd.
Pitfield, Milton Keynes, MK11 3LW, UK
UKHW020524180726
13839UKWH00005B/2285